SERPENTS DANGEREUX

LE MOCASSIN D'EAU

Tracy Nelson Maurer

TABLE DES MATIÈRES

Un livre de la collection
Les jeunes plantes de Crabtree

CRABTREE
Publishing Company
www.crabtreebooks.com

Soutien de l'école à la maison pour les parents, les gardiens et les enseignants

Ce livre aide les enfants à se développer grâce à la pratique de la lecture. Voici quelques exemples de questions pour aider le lecteur ou la lectrice à développer ses capacités de compréhension. Les suggestions de réponses sont indiquées en rouge.

Avant la lecture

- De quoi ce livre parle-t-il?
    - *Je pense que ce livre parle des serpents qui ont des mocassins.*
    - *Je pense que ce livre parle des serpents dangereux.*

- Qu'est-ce que je veux apprendre sur ce sujet?
    - *Je veux savoir où vivent les mocassins d'eau.*
    - *Je veux savoir s'ils mordent les gens.*

Pendant la lecture

- Je me demande pourquoi...
    - *Je me demande pourquoi on les appelle mocassins d'eau.*
    - *Je me demande pourquoi on les appelle aussi agkistrodon piscivorus.*

- Qu'est-ce que j'ai appris jusqu'à présent?
    - *J'ai appris que les mocassins d'eau peuvent nager.*
    - *J'ai appris qu'ils chassent la nuit.*

Après la lecture

- Nomme quelques détails que tu as retenus.
    - *J'ai appris que les mocassins d'eau mangent des insectes, des souris, des poissons et des oiseaux.*
    - *J'ai appris que quand je vois un serpent, je dois m'éloigner lentement et lui laisser de l'espace pour qu'il se sauve.*

- Lis le livre à nouveau et cherche les mots de vocabulaire.
    - *Je vois le mot **vipère** à la page 3 et le mot **écailles** à la page 10. Les autres mots du glossaire se trouvent aux pages 22 et 23.*

LE MOCASSIN D'EAU

Le mocassin d'eau est une **vipère**. Le **venin** des vipères est mortel.

Un mocassin d’eau **effrayé** ouvre très grand sa bouche. Cela signifie « Va-t’en! ».

Sa bouche semble remplie de doux coton blanc, mais ses **crochets** peuvent tuer.

Les mocassins d'eau vivent près de l'eau. Ce sont de bons nageurs.

Les mocassins d'eau nagent en gardant la tête haute.

Le nom scientifique du mocassin d’eau est *agkistrodon piscivorus*.

Les mocassins d’eau adultes ont des **écailles** noires sur le dos.

La tête du mocassin d’eau est en forme de **triangle**.

Il a une écaille dure
au-dessus de chaque œil,
comme un capuchon.

Les mocassins d'eau chassent principalement la nuit.

Ils mangent des insectes, des souris, des poissons, des oiseaux et même d'autres serpents.

Les mocassins d'eau ne mordent que les gens qui s'approchent trop près d'eux.

Si tu vois un serpent, éloigne-toi lentement. Laisse-lui de l'espace pour fuir!

Glossaire

crochets (cro-chè) : Les crochets sont de longues dents acérées.

écailles (é-kaye) : Les écailles sont de petits morceaux de peau dure qui couvrent le corps des reptiles et des poissons.

effrayé (è-frè-yé) : Effrayé signifie avoir peur ou se sentir menacé.

triangle (tri-an-gle) : Un triangle est une forme à trois côtés.

venin (ve-nin) : Le venin est un poison injecté par une morsure ou une piqûre.

vipère (vi-pèr) : Les vipères sont des serpents venimeux.

Index

À propos de l'autrice

Tracy Nelson Maurer

Tracy Nelson Maurer a écrit plus de 100 livres pour les jeunes lecteurs. Elle habite au Minnesota où il fait trop froid pour la plupart des serpents dangereux.

Sites Web

Les sites Web sont en anglais seulement.

https://kids.nationalgeographic.com/explore/nature/super-snakes
www.thesnake.org/general.html

CRABTREE Publishing Company

Autrice : Tracy Nelson Maurer
Conception : Jennifer Dydyk
Révision : Kelli Hicks
Correctrice : Janine Deschenes
Traduction : Annie Evearts
Coordinatrice à l'impression : Katherine Berti

Références photographiques : Masque pour le graphique de peau de serpent sur la couverture et les autres pages © shutterstock.com/Merydolla; triangle jaune avec le graphique de serpent © Top Vector Studio/Shutterstock; photo de la couverture © Jason Patrick Ross/ Shutterstock; p. 3 © Dennis W Donohue/Shutterstock; p. 5 © Wirepec/istock; p. 7 © Joe Farah/ Shutterstock; p. 9 © jo Crebbin/Shutterstock; p. 11 © cturtletrax/ istock; p. 13 © Marc1919/Shutterstock; p. 15 © Rob Hainer/ Shutterstock; p. 17 © Samuel Brown | Dreamstime.com; p. 19 © Brandy Mcknight | Dreamstime.com; p. 21 © tome213; p. 22 (photo du centre) © Akarat Duangkhong | Dreamstime.com; p. 23 (photo du centre) © Joe McDonald/Shutterstock

Crabtree Publishing Company
www.crabtreebooks.com 1-800-387-7650

Au Canada : Nous reconnaissons l'appui financier du gouvernement du Canada par l'entremise du Fonds du livre du Canada pour nos activités de publication.

Publié aux États-Unis
Crabtree Publishing
347 Fifth Avenue
Suite 1402-145
New York, NY, 10016

Publié au Canada
Crabtree Publishing
616 Welland Ave.
St. Catharines, Ontario
L2M 5V6

Imprimé au Canada/102021/CPC

Catalogage avant publication de Bibliothèque et Archives Canada

Titre: Le mocassin d'eau / Tracy Nelson Maurer ; texte français d'Annie Evearts.
Autres titres: Cottonmouths. Français.
Noms: Maurer, Tracy Nelson, auteur.
Description: Mention de collection: Serpents dangereux | Les jeunes plantes de Crabtree | Traduction de : Cottonmouths. | Comprend un index.
Identifiants: Canadiana (livre imprimé) 20210281812 | Canadiana (livre numérique) 20210281839 | ISBN 9781039608726 (couverture souple) | ISBN 9781039608788 (HTML) | ISBN 9781039608849 (EPUB)
Vedettes-matière: RVM: Mocassin aquatique—Ouvrages pour la jeunesse. | RVMGF: Documents pour la jeunesse.
Classification: LCC QL666.O69 M3814 2022 | CDD j597.96/3—dc23